AF242929

VALIDATIONS

ET

INVALIDATIONS

SOUS

LE RÉGIME RÉPUBLICAIN

PAR

GEORGES DEMANCHE

Avocat à la Cour d'appel.

PARIS

IMPRIMERIE LÉAUTEY,

Rue Saint-Guillaume, 24

—

1879.

I.

Qu'est-ce qu'une vérification de pouvoirs ?

Depuis les nombreuses invalidations prononcées par la Chambre des députés élue en 1876, et surtout par celle qui lui a succédé en 1877, la question de la vérification des pouvoirs des représentants du pays, jusqu'alors question de formalité, dans la majeure partie des cas du moins, a attiré tous les regards et occupé tous les esprits.

Qu'est-ce qu'une vérification de pouvoirs? C'est là une définition bien difficile à donner; car ce qui sera vrai à une époque ne le sera plus à une autre.

Vérifier les pouvoirs d'un de ses membres, c'est, de la part d'une Assemblée, examiner si ce représentant a bien obtenu la majorité nécessaire, s'il se trouve dans les conditions légales qui sont requises pour la validité de son élection, et si des protestations ont été élevées contre cette même élection. Dans ce dernier cas l'Assemblée statue comme jury, dans les autres comme tribunal.

Lorsque le candidat élu ne remplit pas les deux premières conditions, son élection doit être cassée; cela semble incontestable.

Si, au contraire, il remplit toutes les conditions requises et qu'il n'y ait aucune contestation ou protestation élevée contre son élection, la validation des opérations électorales est pour lui un droit, que l'Assemblée ne saurait lui contester.

Agir autrement serait faire preuve d'iniquité flagrante et de tyrannie.

Existe-t-il des protestations? C'est alors qu'il appartient à l'Assemblée d'examiner si les faits relatés dans ces protestations sont exacts et, en cas d'affirmative, s'ils ont eu assez d'importance pour influer sur le résultat de l'élection et déterminer le succès d'un candidat au détriment d'un autre. C'est là une question d'appréciation qui échappe à toute classification légale et qui ne relève que du domaine de la conscience.

Telles sont les règles principales qui doivent toujours présider à une vérification impartiale de pouvoirs.

Voici ce que dit, dans une étude approfondie, M. de Janzé, aujourd'hui député des Côtes-du-Nord, qui ne saurait être taxé de partialité à ce sujet (1) :

« Une Assemblée doit prononcer, non pas comme jury, mais comme tribunal dans les questions de légalité et de chiffres. Dans ces questions, si son pouvoir reste absolu *en fait*, il est limité *en droit;* car elle est tenue de respecter et d'appliquer les prescriptions de la loi; et ses décisions doivent, en outre, être conformes aux règles de la jurisprudence électorale qu'ont établies et le Conseil d'Etat et les Assemblées antérieures. Si dans ces questions une Assemblée se laisse entraîner à prononcer, non plus comme tribunal, mais comme jury, c'est-à-dire sans tenir compte ni du texte et de l'esprit de la loi, ni des règles de la jurisprudence, elle en arrive à décider *que deux et deux font cinq*, et l'autorité morale de ses arrêts souverains se trouve bientôt gravement atteinte.

« La Chambre des députés nommée le 20 février 1876 ne s'est-elle pas plus d'une fois laissée entraîner à faire cette regrettable confusion entre ses attributions si différentes de jury et de tribunal? N'est-elle pas arrivée ainsi à adopter une jurisprudence absolument contraire à celle de la loi?

« C'est ce que nous pensons. »

Qu'eût dit M. de Janzé après les vérifications de pouvoirs de la Chambre de 1877!

Notre conclusion sera la même. Ces règles équitables, qui, avant 1876, avaient servi de ligne de conduite à toutes les Assemblées parlementaires toujours respectueuses des droits légalement et loyalement acquis, ont fait place aujourd'hui, dans maintes circonstances, à des rancunes, à des haines de parti ainsi qu'à des questions d'intérêt politique.

La vérification des pouvoirs consiste aujourd'hui à examiner si vous appartenez à la majorité ou à la minorité de la Chambre. Faites-vous partie de la majorité républicaine, votre affaire est clairé et votre sort est certain; quoi que vous eussiez fait et quoi que vous eussiez dit vous êtes sûr du succès de votre cause.

Mais votre élection est-elle sérieusement contestée et n'avez-vous qu'une voix de majorité? Oh ! cela est bien suffisant.

---

(1) *Des Vérifications de pouvoirs*, par M. de Janzé, ancien député. Saint-Brieuc, imprimerie Francisque Guyon, 1876.

Des faits graves sont-ils articulés contre vous? Vous vous contentez de dire que ce sont de pures inventions et que vos adversaires vous calomnient.

Etes-vous accusé d'avoir été élu grâce à la pression administrative et d'avoir fait vos tournées aux côtés du sous-préfet? Non, dites-vous, je n'étais pas aux côtés du sous-préfet. — En effet, vous n'étiez pas à ses côtés; mais vous étiez derrière.

Etes-vous frappé d'inéligibilité? Qu'importe! N'est-ce pas la Chambre qui fait les lois et n'est-elle pas alors toute-puissante!

Et que l'on ne croie pas qu'il n'y ait là la moindre exagération; sur quatre-vingt-dix-huit députés invalidés de 1876 à 1879, *pas un seul* ne faisait partie de la majorité républicaine. — Si cependant, un député de la gauche vient d'être tout récemment invalidé (1). M. Richard avait, il est vrai, dix-huit voix de moins que la majorité requise.

Faites-vous, au contraire, partie de la minorité? Une distinction est alors nécessaire. Avez-vous obtenu une imposante majorité et jouissez-vous d'une influence difficile à battre en brèche, vous êtes à peu près sûr de voir la Chambre ratifier le choix de vos électeurs et proclamer la validation de votre élection. Il est à peine besoin d'ajouter que cette règle, comme toutes les règles existantes, comporte des exceptions; l'in-validation de l'élection du baron Reille en est une preuve éclatante.

Mais si, par malheur, vous n'avez pas obtenu une majorité capable de défier toute concurrence, et que le moindre soupçon de manœuvre électorale ou de sympathie administrative pèse sur vous, oh! alors, vous êtes coupable des plus noirs forfaits et immolé sans miséricorde. Pourquoi? *Displicuit nasus tuus,* aurait-on dit à Rome; parce que vous n'êtes pas des nôtres, dirait-on aujourd'hui, et parce que nous voulons votre place pour un coreligionnaire politique (2).

(1) M. Richard, élu à Nyons, en remplacement de M. d'Aulan, invalidé, et remplacé lui-même par ce dernier.

(2) La Fontaine avait-il pressenti la Chambre des députés de 1876 quand il a écrit son immortelle fable des *Animaux malades de la peste?* Avait-il prévu les valida-tions étranges et les invalidations bizarres dont nous sommes témoins tous les jours? Relisez le *Journal officiel,* ouvrez ensuite votre *La Fontaine* et amusez-vous à com-parer.

Un mal qui répand la terreur,

c'est le suffrage universel. Il a envoyé à Versailles une grande quantité d'hommes de mérite, qui, pour se faire nommer, ont tous usé de moyens plus ou moins honorables, plus ou moins dignes, plus ou moins délicats.

Tous ont quelque chose à se reprocher. L'un a employé des manœuvres fraudu-leuses, l'autre a suborné des électeurs, un troisième a fait agir des influences. Ils mé-riteraient d'être flagellés et annulés.

C'est cette pensée qu'un député traduisait en ces termes à la tribune de la Chambre :

« Il y a une grande et décisive raison pour laquelle vous voulez frapper et invalider le mandat de vos collègues : les 363 à réintégrer dans leurs mandats, j'allais dire dans leurs fonctions.

« Les 363, Messieurs, qu'est-ce que c'est? Être des 363, cela constitue une noblesse particulière, une noblesse nouvelle. Avoir été l'un

> Ils ne mouraient pas tous, mais tous étaient frappés.

La minorité se sent mal à l'aise. Les bonapartistes se défient des légitimistes :

> Les tourterelles se fuyaient.

Quant aux républicains, ils sont inquiets. Ils ont tous commis quelque petite peccadille électorale :

> Ni loup ni renard n'épiaient
> La douce et l'innocente proie.
> Plus d'amour, partant plus de joie.

C'est alors que Gambetta, — le lion ou le Léon, — tient conseil et dit :

> .... Mes amis,

« On a pourri le suffrage universel. Il s'est passé, pendant les élections, des événements coupables. On a montré des exemples fâcheux ; il y a eu des corruptions d'électeurs, des diffamations entre candidats, des manœuvres secrètes et coupables. Tout cela fait de nous une Chambre douteuse, impure et sans valeur. Il faut

> Que les plus coupables de nous
> Se sacrifient aux traits du céleste courroux.

« Peut-être par ce moyen épurera-t-on cette Chambre, en retirant de son sein tous les éléments malsains dont elle paraît remplie.

> L'histoire nous apprend qu'en de tels accidents
> On fait de pareils dévouements.
> Ne nous flattons donc point, voyons sans indulgence
> L'état de notre conscience.

« Pour moi, ajoute Gambetta, j'avoue que j'ai beaucoup voyagé ; j'ai fait des banquets, j'ai prononcé des discours, j'ai usé de l'influence des maires républicains ; je n'ai pas donné d'argent aux électeurs, parce que tout le monde sait que je n'ai pas le sou, mais j'ai fait des promesses qui valent de l'argent.

> Je me dévouerai donc, s'il le faut ; mais je pense
> Qu'il est bon que chacun s'accuse ainsi que moi ;
> Car on doit souhaiter, selon toute justice,
> Que le plus coupable périsse. »

— Allons donc, reprend M. de Douville-Maillefeu, vous êtes trop bon roi. Vos scrupules font voir trop de délicatesse. Vous n'avez commis que des petites manœuvres tout à fait bénévoles. Tandis que moi, il m'est arrivé de rosser un sous-préfet ; je dois être sacrifié.

des 363, c'est avoir possédé un fief. On n'a pas le droit de toucher au siége d'un 363 ; et, de même qu'autrefois la main qui s'étendait sur l'arche se desséchait, de même, aujourd'hui, tout mandat qui donne le siége d'un 363 retombe invalidé.

« ... Après le 14 octobre, quand nous sommes arrivés ici, nous avons assisté à ce spectacle bizarre d'un certain nombre de ces 363 battus, entrant pêle-mêle avec nous dans cette enceinte et presque avec les mêmes droits.

« On les a vus, pendant trois mois, assiéger les couloirs, mettre leurs vêtements dans nos armoires, écrire sur notre papier à lettres, séjourner surtout à la buvette. Et les huissiers de cette Chambre s'in-

— Vous êtes fou, mon cher Maillefeu, réplique M. Mir, autre républicain.

> ... Vous lui fîtes, seigneur,
> En le rossant beaucoup d'honneur.

Ainsi dit M. Mir, qui s'accuse d'avoir eu la minorité dans son arrondissement ; mais on lui répond que c'est encore trop, et qu'une minorité républicaine vaut deux majorités royalistes. De même tous ceux qui viennent s'accuser de quelque méfait sont renvoyés sans dépens.

> Tous, du moment qu'ils sont républicains,
> Au dire de chacun étaient des petits saints.

A son tour vient M. Chesnelong ou M. de Boigne, qui dit :
« J'avoue que le sous-préfet de la ville où j'habite a manifesté très-haut la bonne

opinion qu'il a de moi. J'avais pour concurrent un révolutionnaire très-inquiétant. Alors, mon sous-préfet,

> L'occasion, l'herbe tendre, et, je pense,
> Quelque bon ange le poussant,

m'a invité à dîner.

> Il n'en avait nul droit, puisqu'il faut parler net. »
> A ces mots on cria haro sur l' sous-préfet.

On démontre clairement que tous les royalistes, bonapartistes et conservateurs sont des pelés, des galeux, méritant la mort ou tout au moins l'invalidation,

> ... On le leur fait bien voir.

Et, tenez, observez la moralité du fabuliste :

> Selon que vous serez puissant ou misérable,
> Les jugements de cour vous rendront blanc ou noir.

N'est-ce pas comme si l'on disait :

> Étes-vous, par hasard, de la minorité,
> Vous serez invalidé.

(Figaro, 9 avril 1876.)

clinaient, abasourdis et stupéfaits, et ils les ont laissés, à deux ou trois reprises, passer dans cet hémicycle; nous les avons vus obligés de les en chasser !

« Ces Messieurs se considéraient comme élus députés *in partibus*..., attendant que votre bon vouloir vînt leur permettre de passer de la porte à côté au banc encore chaud de leur concurrent, ou même occupé par le collègue qui n'était pas encore invalidé (1). »

(1) *Journal officiel* du 2 mars 1878. Discours de M. Paul de Cassagnac.

II.

PRÉCÉDENTS HISTORIQUES (1848-1876).

Mais avant de retracer le mode de procéder et les faits et gestes de la Chambre des députés élue le 20 février 1876 et de celle qui lui succéda le 14 octobre 1877, remontons un peu en arrière et, sans examiner les vérifications de pouvoirs des premières Assemblées nationales, ni l'invalidation en masse, au 18 fructidor an v, des élections de quarante-neuf départements, considérées comme « *illégitimes* et nulles », voyons de quelle façon procédèrent les Assemblées issues du suffrage universel.

On sait comment fut élue l'Assemblée constituante de 1848. Les commissaires extraordinaires de la République, stimulés par les célèbres circulaires de Ledru-Rollin, qui les invitaient à agir révolutionnairement, ne négligèrent rien pour faire de la première Assemblée élue par le suffrage universel une Assemblée républicaine. Mais le résultat ne répondit pas à leurs espérances et à leurs efforts, et l'Assemblée, souveraine absolue, sut imposer silence à ses rancunes et se garda bien de porter atteinte à sa considération par d'injustes invalidations. Pendant la durée de son existence, sept élections seulement furent frappées sur sept cent cinquante (1). Jetons un coup d'œil rapide sur ces vérifications de pouvoirs, et voyons quelles circonstances nécessitèrent ces verdicts de l'Assemblée constituante.

Dans un département (Seine), on avait attribué à tort à un candidat des voix données à un autre candidat portant le même nom.

Dans trois élections (Corse et Finistère), il y avait eu des irrégularités dans le scrutin et non-simultanéité dans le vote, et la majorité des élus était infime. L'Assemblée substitua à l'un des invalidés

(1) Ce furent les suivantes : Schmit (Seine), Louis Blanc (Corse), de Quatrebarbes (Finistère), Gent (Vaucluse), Bissette (Martinique), Lucien Bonaparte (Corse), Laissac (Hérault).

(M. L. Blanc) M. Abbatucci, le premier des non élus sur la liste des candidats.

Dans une autre élection (Martinique), il y avait incapacité personnelle.

Enfin, dans un département, il y avait eu des violences, des fraudes dans le scrutin, des intercalations nombreuses sur les listes électorales, et, de plus, le candidat élu, M. Gent, avait rempli, dans ce département, les fonctions de commissaire de la République peu de temps avant son élection. Ce département était celui de Vaucluse, que l'on retrouve toujours au premier rang lorsqu'il s'agit de fraudes électorales et de manœuvres blâmables.

La plus longue des vérifications de pouvoirs n'avait pris que deux mois (excepté celle de la Martinique, et cela en raison des difficultés de communication) (1). Trois commissions d'enquête avaient fonctionné, et les élections qu'elles avaient été chargées d'examiner avaient été instruites, rapportées et discutées en sept semaines. Parmi les élections invalidées, l'une l'avait été à l'unanimité, et une autre à la presque unanimité. Enfin, il n'y avait pas eu d'ajournement indéfini, mesure vexatoire indigne d'une grande Assemblée.

Après treize mois d'existence, l'Assemblée constituante céda la place à l'Assemblée législative. Les élections de 1849 ne donnèrent lieu qu'à un petit nombre de contestations, et trois fois seulement l'Assemblée usa de son pouvoir discrétionnaire pour renvoyer les élus devant leurs électeurs. Ce fut dans les circonstances suivantes :

Les représentants de la Guadeloupe (2) avaient obtenu 14,000 voix contre 4,000. Mais en présence des manœuvres frauduleuses et des actes de violence sans nombre (pillage, incendie, émeutes) auxquels s'étaient livrés les noirs récemment émancipés, l'Assemblée n'hésita pas à annuler l'élection, dans l'intérêt de la moralisation du suffrage universel, malgré l'importance de la majorité obtenue.

Dans le département de Saône-et-Loire (3) l'écart entre les candidats des deux listes était de 16,000 voix ; mais on relevait de nombreuses irrégularités dans le vote et dans la confection des listes, irrégularités commises par 60 à 80 maires ; 51,000 électeurs sur 110,000 n'avaient pas pris part au vote. Les élections furent infirmées.

(1) Le délai avait été de plus de cinq mois.

(2) MM. Schœlcher et Perrinon.

(3) Représenté par MM. Madier de Montjau, Esquiros, Charrassin, Buvignier, Dain et Hennequin.

Enfin une élection partielle, au Sénégal, fut annulée, le candidat élu (1) se trouvant dans un cas d'incapacité prévu par la loi.

Telles furent les invalidations de la Législative (2).

Si maintenant nous passons en revue les Assemblées du second Empire, nous voyons que, pendant la première moitié du règne de Napoléon III, les invalidations sont fort rares, et qu'il faut arriver à la législature de 1863 pour trouver des contestations sérieuses et de vifs débats.

Qu'on ne vienne pas objecter que cela tenait à ce que l'élément opposant faisait à peu près défaut dans le sein du Corps législatif, ou en d'autres termes à ce que la majorité du Corps législatif ne frappait pas parce qu'elle n'avait pas d'adversaires et ne voulait pas frapper dans ses rangs. Il suffira de dire, pour réfuter l'argument et démontrer que la majorité du Corps législatif frappait dans ses rangs comme dans ceux de ses adversaires, que, parmi les députés invalidés sous l'Empire, presque tous avaient été candidats officiels ou agréables ; deux seulement avaient été candidats de l'opposition.

En 1857, une élection, celle de M. de Cambacérès, dans l'Aisne, fut annulée sans débat par le Corps législatif, le candidat élu n'ayant atteint l'âge de vingt-cinq ans que postérieurement au scrutin.

En 1860, l'élection de M. de Laferrière, dans l'Orne, fut cassée par suite des manœuvres du candidat, qui étaient plus que suffisantes pour entraîner l'annulation, et aussi par suite de la trop vive ingérence de l'administration dans la lutte.

Le Corps législatif élu en 1863 ne suivit pas les exemples de modération et d'équité de ses prédécesseurs. Plusieurs vérifications de pouvoirs, qui se terminèrent par des validations, donnèrent lieu à de vifs débats. Des protestations sérieuses et importantes n'eurent pas le don d'émouvoir la Chambre.

Dans la plus incriminée de ces élections, celle de la première circonscription de la Gironde, M. Curé ne l'avait emporté que de 40 voix sur M. Lavertujon, et il était pourtant démontré que quelques électeurs et plusieurs faillis avaient indûment voté.

Mais le Corps législatif ne sut pas donner une fixité absolue à sa ju-

(3) M. John Shleigt.

(4) Les élections à la Constituante, à la Législative et à l'Assemblée de 1871 furent faites au scrutin de liste ; tandis que les élections au Corps législatif et aux Chambres de 1876 et 1877 eurent lieu au scrutin uninominal.

risprudence, et à côté d'invalidations méritées en prononça d'autres empreintes d'une extrême rigueur. Six élections furent annulées lors de la vérification des pouvoirs, et trois élections partielles furent encore cassées dans le courant de la législature. Des neuf députés invalidés un seul appartenait à l'opposition ; tous les autres avaient été candidats officiels ou agréables.

Trois des élections annulées le furent par suite d'absence de la majorité nécessaire (1).

Une autre fut invalidée pour faits de corruption (2).

Cinq autres furent cassées pour cause de manœuvres électorales, irrégularités dans le scrutin et dans la composition des listes électorales (3). Deux des candidats n'avaient que 14 et 37 voix de majorité ; un troisième en avait plus de 400.

Quant à M. Bravay, élu dans la deuxième circonscription du Gard, il avait une majorité de plus de 4,000 voix. Cette majorité était considérable et aurait dû, selon la jurisprudence primitive de la Chambre, le préserver d'un renvoi devant ses électeurs. Mais le Corps législatif pensa que les manœuvres reprochées au candidat élu avaient été assez graves pour influencer le vote des électeurs, et cassa, après de vifs débats, l'élection incriminée.

Il eut tort ; et les électeurs le lui prouvèrent en lui renvoyant M. Bravay avec une majorité de 10,000 voix. L'invalidation fut encore demandée par cette raison que les mêmes irrégularités et les mêmes manœuvres, qui avaient fait une première fois annuler l'élection, s'étaient reproduites dans les mêmes conditions.

En présence de cette manifestation des électeurs le Corps législatif n'avait qu'une chose à faire : valider l'élection ; car, si les électeurs avaient pu, une première fois, avoir été induits en erreur, les débats de la Chambre et l'invalidation de M. Bravay les avaient certainement éclairés, et il n'était plus possible de douter de leur volonté qui s'était manifestée d'une manière éclatante en portant de 12,000 à 17,000 le nombre des suffrages obtenus par M. Bravay. Les faits reprochés n'étaient pas d'ailleurs d'une importance telle que l'énorme majorité de 10,000 voix eût pu être déplacée.

Telle ne fut pas l'opinion du Corps législatif, qui, cessant de s'inspirer des considérations d'équité qui auraient toujours dû animer ses

(1) Ce furent celles de MM. Pelletan (9e circonscription de la Seine), comte de Bourcier de Villers (1re, Vosges), d'Estourmel (3e, Somme).

(2) Celle de M. Isaac Péreire (Pyrénées-Orientales).

(3) Ce furent celles de MM. Duguet (1re, Marne), de Bulach (3e, Bas-Rhin), Boittelle (7e, Nord), Bravay (2e, Gard), première fois, Bravay (2e, Gard), deuxième fois.

décisions et subissant l'influence de questions de personnes, annula l'élection, mais à une faible majorité et après une épreuve douteuse.

Les électeurs de la deuxième circonscription du Gard persistèrent énergiquement dans leur manière de voir, et ce ne fut qu'en 1865, après une troisième élection, que M. Bravay put enfin triompher de l'hostilité du Corps législatif à son égard.

Une autre élection, celle de M. Isaac Péreire, donna lieu également à de vives discussions. M. Isaac Péreire, seul candidat dans les Pyrénées-Orientales, avait obtenu 28,494 suffrages sur 29,138 votants et 46,970 inscrits. Cette élection semblait devoir être validée sans difficulté; mais il y avait au dossier de nombreuses protestations accusant M. Péreire de corruption par dons, promesses, etc.

L'élection fut invalidée après une épreuve douteuse.

C'était la première fois, dans les annales parlementaires contemporaines, qu'on voyait une Chambre invalider l'élection d'un député nommé sans concurrent par un nombre considérable de suffrages. Aussi un journal dévoué au gouvernement, *le Pays*, se permit-il, à une époque où la presse était généralement silencieuse, de qualifier de *profondément regrettable* le vote du Corps législatif, et les électeurs des Pyrénées-Orientales lui prouvèrent que cette qualification n'était pas imméritée.

Tel fut le bilan du Corps législatif de 1863.

La Chambre de 1869, procédant à la vérification des pouvoirs de ses membres, invalida le mandat de cinq députés, dont un seul appartenait à l'opposition.

Une élection fut annulée sans débat (1), la majorité nécessaire n'ayant pas été obtenue par le candidat proclamé.

Deux autres furent cassées pour cause de manœuvres électorales (2). L'une, celle de M. Rouxin, fut annulée malgré une forte majorité (6,000 voix), parce que ce candidat n'avait obtenu cette majorité que grâce à un placard inexact affiché à la dernière heure et relatif à la pêche d'un banc d'huîtres, ce qui touchait aux intérêts les plus chers des Malouins.

Une quatrième élection fut invalidée à une immense majorité pour cause de corruption et de fraude (3).

(1) Celle du baron Gourgaud (3ᵉ, Haute-Saône).

(2) Celles de MM. Rouxin (2ᵉ, Ille-et-Vilaine), et de Sainte-Hermine (1ʳᵉ, Vendée).

(3) Celle de M. Isaac Péreire (3ᵉ, Aude).

Enfin, dans un cinquième département (1), de nombreuses protestations accusaient M. Marion de s'être livré à des manœuvres frauduleuses, à des violences, et surtout lui reprochaient d'avoir caché à ses électeurs sa véritable situation comme ancien agent de change et les causes qui l'avaient obligé à se démettre de sa charge. M. Marion, que ses amis eux-mêmes renoncèrent à défendre et condamnèrent par leur vote, vit son élection invalidée à l'unanimité.

Si maintenant nous passons à l'Assemblée nationale élue le 8 février 1871, nous la voyons, pendant les cinq années de son existence, prononcer l'annulation de dix élections, dont une pour absence de majorité, six pour incapacité légale et trois pour manœuvres électorales.

M. Laurier ayant été proclamé député du Var avant la connaissance totale des résultats du scrutin, vit casser son élection par l'Assemblée, qui lui substitua le vice-amiral Jauréguiberry auquel la commission de recensement, dans sa précipitation, n'avait pas compté un nombre important de suffrages.

Les six députés invalidés comme étant inéligibles (2) remplissaient, au moment de leur élection, les fonctions de préfet ou sous-préfet, ou n'avaient pas laissé écouler un délai de six mois entre l'époque de leur élection et celle de la cessation de leurs fonctions (loi du 2 mai 1871).

Des trois députés invalidés pour cause de manœuvres électorales (3), l'un, M. Jacques, n'avait que 137 voix d'avance sur le candidat qui venait après lui, et les bureaux électoraux avaient refusé à tort d'admettre le vote de plusieurs centaines d'électeurs.

Pour un autre, on trouvait d'assez graves irrégularités dans le vote et des placards violents pouvant influencer les électeurs ; M. Deregnaucourt n'avait ailleurs que 400 voix de plus que son concurrent sur un total de 164,000 votants.

Le troisième député invalidé pour cause de manœuvres électorales était le baron de Bourgoing, élu le 24 mai 1874, en remplacement du général Ducrot.

La commission chargée de l'examen de l'élection mit sept mois à reconnaître qu'elle n'avait pu se former une opinion, et se décida alors à demander une enquête qui fut votée par l'Assemblée le 23 décembre 1874.

(1) Isère, 4° circonscription.
(2) MM. Marc-Dufraisse (Alpes Maritimes), Chaix (Hautes-Alpes), Lamorte (Drôme), Mestreau (Charente-Inférieure), Laget (Gard), Lambert (Oran).
(3) MM. Jacques (Oran), Deregnaucourt (Nord), de Bourgoing (Nièvre).

La commission employa encore de longs mois à procéder à l'enquête, qui porta un peu sur l'élection de la Nièvre et beaucoup sur ce qu'on appela les menées bonapartistes. Cependant, comme l'élection ne venait pas en discussion, M. de Bourgoing dut demander à plusieurs reprises et avec insistance que la commission voulût bien hâter ses travaux.

Près de quatorze mois s'étaient écoulés depuis le jour de l'élection, lorsque l'Assemblée, statuant d'après les conclusions de la Commission, invalida M. de Bourgoing à une faible majorité (330 voix contre 309).

Enfin, au début de son existence, l'Assemblée nationale avait voté une enquête sur les élections de Vaucluse. Les protestations se fondaient sur les fraudes nombreuses commises pendant le vote et le dépouillement du scrutin, ainsi que sur les intimidations et les violences exercées contre les électeurs. Mais les députés de Vaucluse, ne se sentant pas assez forts pour supporter l'enquête ou voulant éviter que la lumière se fît sur les faits allégués dans les protestations, donnèrent leur démission que l'Assemblée accepta. L'un d'entre eux était d'ailleurs inéligible.

III.

CHAMBRES DE 1876 ET 1877. — QUESTIONS DE JURISPRUDENCE.

Arrivons maintenant aux Chambres de 1876 et 1877. C'est ici qu'à côté d'invalidations méritées, on se heurte à des invalidations et à des validations dictées uniquement par l'esprit de parti.

En 1876, les élections de vingt députés, appartenant tous à la minorité, furent annulées (1). Le même collége électoral vit casser par deux fois, dans la même session, l'élection de son représentant, M. Peyrusse, qui ne put prendre définitivement possession de son siége de député qu'après cinq tours de scrutin.

De ces vingt élections, onze furent invalidées pour cause de pression administrative et cléricale, cinq pour manœuvres électorales ou diffamation, trois pour fraude ou corruption, une enfin pour défaut de majorité.

L'examen des élections contestées, retardé par le fonctionnement des commissions d'enquête, qui étendirent leurs investigations dans plusieurs départements, ne fut terminé qu'au bout de dix mois.

Le mode de procéder et la jurisprudence suivis par la Chambre seront exposés plus loin, conjointement avec les exemples empruntés à la Chambre de 1877.

Cette dernière Chambre doit nous arrêter plus longtemps pour étudier sa manière toute spéciale de procéder à la vérification des pouvoirs.

---

(1) Ce furent celles de MM. Malartre (Yssingeaux), Aymé de la Chevrelière (Melle), Haentjens (Le Mans), Gavini (Corte), de La Rochejacquelein (Bressuire), duc de Feltre (Guingamp, 2e circonscription), de Cardenau (Dax, 1re), de Miramon-Fargues (Le Puy, 1re), Peyrusse (Auch) première fois, Cunéo d'Ornano (Cognac), de Boigne (Thonon), Chesnelong (Orthez), Fairé (Angers, 2e), Rouher (Ajaccio), Veillet (Loudéac), de Lucinge-Faucigny (Guingamp, 1re), Peyrusse (Auch) deuxième fois, de Mun (Pontivy), Tron (Saint-Gaudens, 2e), du Demaine (Avignon).

Pour les causes d'invalidation spéciales à chaque député, voir le *Répertoire politique*, de M. Valframbert, année 1876.

Selon l'usage et afin de se constituer valablement, elle commence par valider les élections des députés qui ne sont sujettes à aucune contestation, mais en ayant bien soin de ne vérifier les pouvoirs que des seuls députés de gauche, créant ainsi deux catégories distinctes parmi ceux qui représentent tous et au même titre la nation qui les envoie.

La plupart des élections de la majorité ayant été ainsi rapidement validées, on arrive aux vérifications de pouvoirs des députés de la droite. Plusieurs membres demandent l'invalidation en masse de ces députés, par cela seul qu'ils ont été candidats officiels et que leurs affiches électorales ont été de couleur blanche. D'autres, moins exigeants, demandent seulement que tout candidat officiel qui n'a pas eu 1,000 à 1,200 voix de majorité soit immolé de plein droit, son succès n'ayant été obtenu que grâce au patronage gouvernemental. La Chambre, n'osant pas frapper en masse les députés de la minorité, adopta implicitement cette manière de voir, tout en se réservant la faculté d'y apporter de nombreuses exceptions.

Enfin une commission d'enquête électorale générale, investie des pouvoirs les plus étendus, fut nommée par la Chambre; tous les dossiers des candidats officiels durent lui être renvoyés, et la commission résolut, ce qu'elle n'accomplit que trop bien, de se répandre sur tous les points de la France pour examiner sur les lieux la valeur des protestations qui lui étaient adressées et au besoin pour en stimuler la confection et l'envoi, quand l'élection n'était pas contestée et semblait pouvoir être invalidée utilement.

Ainsi donc, voilà des députés régulièrement élus, des députés contre lesquels aucune protestation n'est élevée et contre lesquels leurs adversaires malheureux déclarent n'avoir rien à dire, qui vont être sacrifiés uniquement à des rancunes et à des haines politiques. Pourquoi? Par la seule et unique raison que l'administration les a indiqués comme étant les candidats de son choix.

Et quels sont ceux qui s'indignent si fort et qui demandent l'immolation des élus? Ce sont ceux-là mêmes qui, lors des élections de 1871, ont exercé sur les populations une pression à outrance et qui, préfets et sous-préfets, se sont portés à l'envi candidats dans le département qu'ils administraient.

Les dépêches publiées dans l'enquête parlementaire sur les actes du gouvernement de la Défense nationale ont mis au grand jour cette étrange façon de faire de la candidature officielle, comme jamais on n'en vit depuis l'établissement du suffrage universel. Quelques exemples suffiront pour rappeler avec quelle insouciance et quelle désinvoltûre les républicains d'alors essayaient de violenter et de fausser le vote populaire :

Foix, 22 septembre 1870.

Préfet à gouvernement, Tours.

« Les élections étant si proches, j'ai dû m'empresser de faire connaître de suite et par affiches votre circulaire du 20 et portant, art. 2, que les préfets nommeront les membres des bureaux électoraux.

« Cette mesure est excellente *puisqu'elle tend à faire présider les élections par des hommes de notre choix....*

« Signé : ANGLADE. »

Bordeaux, 1er février 1871.

Spuller à Tavernier, secrétaire général (Indre-et-Loire).

« Cher Tavernier, vous avez reçu les décrets et la proclamation de notre ministre. Il faut sauver la République. Vous savez maintenant comment notre ministre comprend la position. *Une Assemblée est inevitable : il la faut républicaine....*

« Signé : SPULLER. »

Privas, 30 janvier 1871.

*Secrétaire général à Ranc, directeur sûreté publique,
Bordeaux (chiffrée).*

« *Mon préfet répugne à agir avec vigueur dans les élections ;* il a scrupules de conscience. Envoyez-lui donc d'urgence des instructions vigoureuses. *Si préfet n'est pas à poigne, les républicains seront certainement enfoncés.*

« Signé : ROCHE. »

Bordeaux, 3 février 1871.

Intérieur à Gent, préfet à Marseille.

« Il nous faut subir les élections comme nous avons subi l'armistice ; mais il nous faut aussi savoir nous retourner dans la position à jamais regrettable qui nous est faite. Faisons les élections. *Soyons tous les deux ensemble les élus de Marseille avec d'autres de nos amis....*

« Signé : LÉON GAMBETTA. »

Les exemples de ce genre abondent et il n'y a que l'embarras du choix pour prouver l'existence de la candidature officielle en 1871. Personne alors, parmi les membres du gouvernement de la Défense nationale et parmi ses fonctionnaires, n'aurait répudié cette candidature officielle qui, à cette époque, était reconnue légitime et nécessaire pour le triomphe de la cause.

Mais, s'il est démontré que les républicains se servaient sans scrupules de la candidature officielle lorsqu'ils étaient au pouvoir, combien n'est-il pas plus intéressant de savoir qu'ils en reconnaissaient la nécessité lorsqu'ils étaient dans l'opposition. Ce qui constitue en cette matière un des aveux les plus précieux que l'on puisse enregistrer, c'est qu'en 1863, dans le sein du Corps législatif de l'Empire et alors que rien ne l'y obligeait, un des membres les plus importants de l'opposition républicaine, M. Jules Simon, reconnaissait, dans un élan de franchise qui l'honore, que le gouvernement avait le droit de désigner les candidats qu'il préférait.

Voici ce que disait M. Jules Simon, lors de la discussion de l'élection de la 1re circonscription de la Gironde :

« Eh bien, Messieurs, moi et sans engager personne je vous avoue que je ne suis pas ennemi des candidatures officielles. Je dis que je n'en suis pas ennemi. Je n'admets pas beaucoup la position d'un gouvernement parfaitement désintéressé dans les luttes électorales. Cela me paraît assez irréalisable. »

M. Jules Simon disait encore : « Je trouve qu'en toute chose le gouvernement a le droit de dire son avis, et j'ajoute qu'il fait bien de le dire. Je ne m'insurge à aucun degré contre la déclaration faite par par lui, qu'entre plusieurs candidats il y en a un qui lui agrée et un autre qui est contraire à sa politique. La franchise complète est le droit de tout le monde, du gouvernement comme des citoyens. »

« Si je pensais qu'une simple déclaration du gouvernement suffit pour modifier l'allure du suffrage universel, et que les électeurs fussent capables d'abandonner leurs sentiments pour voter d'après les ordres d'un préfet, alors je désespérerais du suffrage universel. »

De deux choses l'une : ou M. Jules Simon a désespéré du suffrage universel, ce que nous ne pensons pas, ou bien alors il croit toujours qu'une déclaration du gouvernement ne peut pas suffire pour modifier l'allure du suffrage universel, ce qui est la condamnation la plus formelle que l'on puisse porter contre la Chambre actuelle.

L'invalidation en masse des élections des députés de la droite ayant été écartée, la Chambre se mit à procéder avec une sage lenteur à l'examen de ces élections, qu'elle interrompait souvent, uniquement parce que « tel était son bon plaisir » (1). Grâce à son système de temporisation, elle atteignit le mois de juin 1878, après avoir voté quelques lois d'affaires, mais sans avoir discuté le budget et aussi sans avoir pu trouver le temps nécessaire pour mener à sa fin l'œuvre si délicate des vérifications de pouvoirs. Douze élections restaient encore à examiner huit mois après le 14 octobre, lorsque la Chambre jugea bon de prendre ses vacances annuelles.

Le 28 octobre a lieu la rentrée des Chambres. La vérification des pouvoirs est reprise et l'on peut espérer qu'elle sera achevée avec la

(1) Le 20 novembre 1877, la séance de la Chambre était à peine ouverte depuis quelques instants lorsque se produisit l'incident suivant :

M. Marion. Messieurs, j'ai l'honneur de demander à la Chambre de vouloir bien lever la séance.

Sur divers bancs à droite. Pourquoi? pourquoi? — Ce n'est pas sérieux! — Les motifs? les motifs?

M. d'Ariste. Il y a des rapports d'élection qui sont prêts et dont la Chambre pourrait s'occuper utilement aujourd'hui.

M. Thirion-Montauban. Je viens, au nom de quelques-uns de mes collègues et au mien, demander pour quels motifs la majorité de l'Assemblée veut faire lever la séance. Nous avons des rapports d'élection approuvés par les bureaux et que la Chambre pourrait examiner tout de suite.

Voix à gauche. Il n'y a pas de ministère.

M. Thirion-Montauban. Je ne sache pas que la présence des membres du gouvernement soit nécessaire pour examiner des dossiers d'élection où il n'y a pas de protestations.

Enfin, pressé de questions, M. Marion vient déclarer simplement que le ministère du 17 mai ayant donné sa démission, il croit bon pour la Chambre, en l'absence d'un gouvernement régulier, de suspendre ses séances.

M. Caillaux, ministre des finances, proteste contre ces paroles et déclare que les ministres du 17 mai sont, il est vrai, démissionnaires ; mais que, conformément à tous les usages parlementaires, ils resteront à leur poste jusqu'à la nomination de leurs successeurs.

M. Anisson-Duperron. Je ferai remarquer à la Chambre qu'il y a encore à vérifier de très-nombreuses élections et qu'il n'est pas nécessaire, pour s'en occuper, qu'il y ait un cabinet présent. Par conséquent, les motifs invoqués pour la remise à demain me paraissent, à moi et à mes amis, tout à fait insuffisants.

Je ferai observer d'ailleurs que presque toutes les élections de la minorité restent à valider, tandis que celles de la majorité l'ont été dès les premiers jours. Il y aurait donc un déni de justice incroyable à suspendre nos séances au moment où les élections de nos collègues pourraient être utilement examinées, car un grand nombre de rapports sont prêts.

Il est ensuite procédé au scrutin sur la proposition de M. Marion, qui est adoptée. La Chambre s'ajourne ensuite au surlendemain sans autre forme de procès.

session de 1878. Vaine illusion ! Après la discussion rapide et le vote accéléré du budget, il ne reste plus à examiner que les élections de MM. Gavini et Abbatucci. La Chambre a encore douze à quinze jours devant elle avant la fin de la session, la loi de finances est entre les mains du Sénat, les séances sont rares, peu remplies ; on *broutille*, pour employer une expression extra-parlementaire. Alors la Chambre discute et valide les élections partielles du mois de septembre, celles du mois d'octobre, celles du mois de novembre 1878 ; mais quand il s'agit des deux députés qui attendent depuis plus de quatorze mois la reconnaissance de leurs droits, elle semble se rappeler qu'ils s'agit de deux candidats officiels, elle ne trouve plus le temps de s'occuper d'eux et les renvoie sans pitié à l'année suivante.

Ah ! elle n'agissait pas ainsi au début de sa législature et elle était bien autrement empressée lorsqu'il était question de substituer trois candidats républicains aux trois candidats non républicains déclarés élus par les commissions de recensement. Pour rien au monde la majorité n'aurait voulu reculer le débat, tant était vif alors le désir de ne pas faire attendre ceux que, par anticipation, on appelait déjà des collègues.

On a souvent parlé de l'absolutisme des rois ; mais rien n'égale la tyrannie et le despotisme des Assemblées. « J'aimerais mieux, disait Mirabeau, vivre à Constantinople que sous le joug de huit cents aristocrates irresponsables, auxquels on ne peut, après chaque session, chaque vacance, demander compte de leurs votes, ni les destituer sur-le-champ s'ils ont mal rempli leur mandat (1). »

Pendant la première partie de la session de 1879, la Chambre, préoccupée par les questions politiques, laisse de côté les lois d'affaires ; elle ne trouve pas l'occasion de consacrer quelques instants à l'examen des élections encore en suspens du 14 octobre 1877, mais discute cependant les élections partielles qui viennent d'avoir lieu. Le mois de février allait s'achever, quand, le 28, l'élection de M. Gavini arrive subitement devant la Chambre. Sans doute, pour avoir demandé un si long temps d'études et de réflexions de la part de la commission, les

---

(1) « Servir pour servir, disait aussi Voltaire, j'aime encore mieux servir un lion, qui, après tout, est d'assez bonne maison, que trois cents rats de mon espèce et qui ne valent pas mieux que moi. »

Proudhon écrivait encore : « Despote pour despote, en mon âme et conscience, j'aimerais mieux encore ces bons vieux rois qui représentaient, aux yeux du pays, des siècles d'honneur, de grandeur et de patriotisme, que ces farceurs qui se moquent autant du peuple que du pays, et flattent l'un pour accaparer l'autre. »

actes reprochés au député de Corte sont bien graves et sa majorité est infime. Non ; rien de tout cela n'existe. M. Gavini, que ses électeurs ont toujours envoyé à la Chambre chaque fois qu'il a sollicité leurs suffrages, a eu plus du double des voix obtenues par son concurrent, et l'élection est si peu attaquable, que ce n'est que pour la forme, et par habitude pour ainsi dire, qu'elle est contestée par un adversaire qui paraît peu convaincu lui-même de ce qu'il avance. M. Gavini est validé à une immense majorité.

Ce n'était vraiment pas la peine de chercher pendant plus de seize mois des motifs d'invalidation, pour arriver à un pareil résultat.

Le rapport de la commission chargée d'examiner l'élection de M. Abbatucci est enfin déposé sur la tribune de la Chambre. Il n'a pas fallu moins de dix-sept mois à la commission pour se former une opinion et s'éclairer d'une façon définitive sur les faits reprochés au député de Sartène nommé par 4,000 suffrages contre 1,600 obtenus par son concurrent. Le rapport concluant à la validation est adopté à une forte majorité, à la séance du 22 mars 1879, malgré l'opposition d'un député de la gauche que la Chambre, lasse efin de ces discussions stériles, n'entend qu'avec la plus profonde indifférence.

L'ère des vérifications de pouvoirs est donc close; on peut fermer le temple de Janus.

Il serait par trop long et par trop fastidieux d'examiner en détail les élections contestées ; quelques exemples pris dans l'examen des élections de 1876 et de 1877 suffiront pour démontrer de quelle façon procédait la Chambre, quelle partialité, il ne faut pas hésiter à le dire, était apportée dans la vérification des pouvoirs, et comment sa jurisprudence variait suivant qu'il s'agissait d'un membre de la majorité ou d'un membre de la minorité.

Véritables accusés, les députés dont l'invalidation était demandée avaient toujours le droit de se défendre devant la Chambre et avaient quelquefois le bonheur de convaincre leurs juges, quand ceux-ci voulaient bien entendre leur défense avant de rendre leur décision.

Mais il n'en était pas toujours ainsi. Un député de la gauche, le docteur Mollien, ayant été visiter ses clients pendant une semaine consacrée aux vérifications de pouvoirs, ses électeurs remarquèrent avec stupéfaction que, chaque jour, le *Journal officiel* portait invariablement son nom au nombre des députés ayant voté l'invalidation. Comment le docteur Mollien pouvait-il s'y prendre pour être en même temps à Versailles, purgeant la minorité, et à Péronne, expédiant l'hu-

manité souffrante ? Interrogé à ce sujet par le journal de son arrondissement, M. Mollien s'excusa de cette singulière façon :

« *Il n'était point nécessaire, croyez-le bien, que j'entendisse M. de
Cadillan* pour former mon opinion qui est *invariablement* faite sur la
question. Je vote l'invalidation de toutes les élections officielles ; et,
comme dans la séance dont vous parlez, il n'y avait à l'ordre du jour
que la vérification des pouvoirs, j'ai cru que, *pour une fois,* il m'était
possible de m'absenter.

« Mon bulletin de vote sera toujours le même, et il importe peu qu'il
soit déposé dans l'urne par moi, ou, sur ma demande, par l'un de mes
amis. »

Quelle singulière idée faut-il se faire de la justice de ceux qui con-
damnent des accusés sans les entendre !

Beaucoup d'élections invalidées le furent sur la foi de protestations
arrachées, pour ainsi dire, à des électeurs qui n'avaient nulle envie
de protester et envoyées à la Chambre longtemps après l'élection.
Voici ce que disait, à ce sujet, M. Paul de Cassagnac dans la discussion
de l'élection d'Orange (1) :

« Nous avons tous ici le souvenir de la façon dont se font les protestations. Dans les premiers jours de notre entrée dans cette enceinte,
pendant la semaine qui suit, la plupart des élections passent sans contestation. Les candidats adverses sont encore découragés ; ils ne veu-
lent pas protester. Mais alors, de toutes parts, par la poste, par le té-
légraphe, par des envoyés spéciaux, on va quêter en province des
protestations. Sûrs de la sincérité de nos élections, vous avez voulu, à
plusieurs reprises, essayer de les dénaturer.

« Et vous n'aviez qu'un moyen, c'était de faire venir des protestations
qui n'étaient pas parties de l'initiative des électeurs et que vous avez
obligées à se produire ici.

« Quand je vous dis ce que je vous dis, j'ai des preuves à l'appui. Nous
sommes quelques-uns parmi nous, — moi d'abord, et cela suffira, —
qui avons vu dans un dossier, — si vous voulez que je vous l'indique,
je vous le nommerai, la pièce doit être à la questure, — nous avons
vu une protestation adressée à un bureau et qui commençait dans les
termes suivants : « Sur l'invitation de M. le président, *j'ai l'honneur
« de vous adresser la protestation qui suit...* »

« Et, comme il est utile de ne pas laisser l'ombre d'un doute sur ce

____

(1) Séance du 1er mars 1878.

point, pour démontrer de quelles manœuvres nous avons été victimes, je vous dirai que la pièce fait partie du dossier du Pas-de-Calais, et comme l'honorable M. de Clercq est validé, je n'ai pas à craindre que cette révélation puisse lui faire du tort.

« Voilà pour les protestations ! Voilà ce qu'elles valent ; et je vous ferai remarquer que, lorsqu'on vous apporte des contre-protestations, vous ne les écoutez pas. On a beau vous dire : Telle pièce est fausse ! On a beau vous prouver par des signatures légalisées que cela n'est pas vrai, que ces faits ne sont pas établis ; il n'y a pas d'exemple, — ou ils sont très-rares, ils confirment la règle, — qu'on ait vu un rapporteur à cette tribune consentir à dire que les protestations ont été couvertes par les contre-protestations et détruites par elles, et vous êtes tellement poussés par la pensée d'invalider quand même, que quand vous êtes obligés de valider matériellement, vous invalidez moralement, et qu'hier, pas plus tard qu'hier, l'honorable M. Raspail venait à cette tribune vous présenter un rapport tendant à validation qui a été acceptée par vous, et qui était conçu dans des termes tellement féroces, qu'un membre de la gauche lui a dit, — c'est au *Journal officiel* de ce matin : — « Comment pouvez-vous proposer la validation, après les considérants qui précèdent ? »

Un autre exemple moins sérieux, mais non moins curieux, montre le peu de fonds qu'il fallait faire sur ces protestations qui n'étaient que trop souvent dépourvues de véracité.

Lors de la discussion de l'élection de Prades (1877), les prétendus agissements d'un brigadier de gendarmerie furent le principal grief invoqué contre l'élection de M. de Gelcen, que la Chambre invalida malgré les protestations de l'honorable député. Le brigadier fut traduit devant le conseil de guerre, sur la demande de la commission d'enquête, et acquitté après les dépositions des témoins, qui seraient à citer en entier et dont voici quelques extraits :

« *M. le Président.* — Mais vous avez apposé votre signature au bas d'une protestation qui dénonçait une série d'actes de pression tout à fait blâmables ?

« *Le témoin.* — Ah ! la protestation ! une jolie *rigolade (sic)*. J'ai signé ça pour m'amuser !

« *M. le Président.* — Alors, les propos qui sont relatés dans cette pièce, et que le brigadier Palat aurait tenus, ne sont pas exacts ?

« *Le témoin.* — Mais non, Monsieur, jamais le brigadier n'a rien dit de tout ça !

« *Autre témoin.* — Quelques jours après l'élection (dit le témoin Hortet) je me trouvais sur la promenade de Prades, avec deux de mes amis, membres du comité républicain ; il y avait aussi avec nous un juge.

M. de Gelcen était provisoirement député et nous nous préoccupions des moyens de le faire invalider ; ces messieurs dirent : *Il nous faut quelque chose contre la gendarmerie,* et le juge me dit : *Savez-vous quelque chose ?* Je répondis : « Personnellement, non. »

« *Le Président.* — Mais puisque vous ne saviez rien personnellement, pourquoi avez-vous signé la dénonciation ?

« *Le témoin.* — Après la conversation sur la promenade de Prades, je fus amené au parquet vers les trois heures, et là je trouvai le substitut de la République française (*sic*), lequel me demanda si j'avais quelque chose contre la gendarmerie.

Je répondis de nouveau que je n'avais rien personnellement, mais que je pourrais trouver quelque chose.

Le substitut me répondit alors : *Faites une plainte, et moi je me charge du reste !*

« *Le Président.* — D'après vous, c'est alors sur la provocation du substitut que vous avez fait cette dénonciation ?

« *Le témoin.* — Oui, monsieur le président, je le jure. »

« On est édifié, après cela, sur l'attitude du parti républicain et sur la sincérité des protestations produites contre les élections conservatrices. Voilà de quels prétextes la Chambre s'autorise pour invalider une élection sincère, loyale, régulière, et pour procurer à un républicain l'occasion d'une revanche. On voit ainsi quelle est la valeur morale des invalidations, car toutes se ressemblent, et ce qu'on peut dire de l'une, on peut le dire de toutes les autres. Ce n'est pas la vérité que recherche le parti républicain ; il veut avant tout satisfaire ses passions et ses haines. »

Examinons maintenant la procédure suivie par la Chambre, et constatons le manque absolu de formalités protectrices entourant les vérifications de pouvoirs ; étudions aussi les questions de jurisprudence, et voyons comment elles furent résolues par les Chambre de 1876 et de 1877. Ici encore nous citerons M. de Janzé :

« Les assemblées électives, auxquelles la loi a confié la délicate mission de vérifier les pouvoirs des membres qui les composent, ont, en cette matière un pouvoir souverain, et les verdicts qu'elles prononcent sont sans appel.

« Pour que l'opinion publique ratifie les arrêts de ces assemblées, il faut que celles-ci ne se prononcent jamais qu'en parfaite connaissance de cause et qu'elles n'usent qu'avec la plus excessive réserve du pouvoir absolu qui leur est accordé par la loi.

« Or, il est impossible qu'il en soit ainsi aujourd'hui au Sénat et à la Chambre des députés. En effet, ces assemblées, après la lecture d'un rapport d'élection, *lecture faite, le plus souvent, au milieu du bruit et de l'inattention générale*, statuent presque toujours *immédiatement* sur les conclusions présentées au nom du bureau.

« Dans ces conditions, seuls les membres du bureau vérificateur peuvent prendre part *utilement* à la discussion, et l'immense majorité des juges de l'élection prononce sans connaître ni les griefs articulés contre l'élection, ni les objections que le rapporteur a opposées aux articulations produites, pour les réduire à leur juste valeur.

« C'est donc, *en fait*, une véritable dépossession de l'Assemblée au profit du bureau vérificateur de l'élection ; en d'autres termes, la suppression de l'appel à l'assemblée contre la décision prise par ce bureau.

« Pour remédier au mal, j'avais proposé à l'Assemblée nationale de décider qu'une élection ne viendrait en discussion que lorsque tous les membres de l'Assemblée auraient entre les mains *le texte imprimé* du rapport fait sur cette élection.

« En conséquence, je demandais, ou que, comme pour le moindre projet d'intérêt local, on fît imprimer et distribuer les rapports d'élections, ou, tout au moins, que le rapport lu un jour à la tribune, l'élection ne vînt en discussion que le lendemain, c'est-à-dire après que l'*Officiel* l'aurait reproduit.

« Nous trouvons dans les dernières vérifications de pouvoirs de la Chambre des députés un exemple qui nous semble montrer toute l'utilité de cette facile et nécessaire réforme du règlement que l'Assemblée nationale a cru devoir repousser.

« A la séance du 29 mars 1876, M. Mallet lit un rapport sur l'élection de M. Poujade, élection dont le bureau à l'unanimité demandait la validation.

« *M. Robert Mitchell* demande le renvoi de la discussion de ce rapport au lendemain. *On n'a pas entendu*, dit-il, *un mot du rapport.*

« Le renvoi au lendemain est repoussé, et un membre de la sous-commission se borne à relever les incidents de l'élection dans une des communes de la circonscription. Personne n'ayant entendu un mot du rapport, ni ce rapport, ni les détails généraux de l'élection ne sont discutés et l'élection est validée par la Chambre. Cependant M. Poujade n'avait obtenu au second tour de scrutin que six voix de majorité.

« Il y avait un excédant de quarante-huit bulletins sur les émargements, c'étaient quarante-huit voix à retrancher à M. Poujade.

« Le rapporteur rétablissait, il est vrai, au profit de M. Poujade, trente-sept bulletins annulés à tort, mais il ajoutait, *sur la foi de protestations,* que les bulletins doubles en sus des émargements avaient été comptés au concurrent de M. Poujade, et que, *si on tenait compte de ce fait,* la majorité de M. Poujade se grossirait d'autant (considérations peu compatibles avec le principe du *secret du vote*).

« Enfin, dans son calcul on ne voyait figurer ni vingt bulletins *soustraits* au cours du dépouillement, *de l'aveu même du bureau,* ni les électeurs *ayant voté indûment,* d'après trois listes fournies par M. Poujade lui-même, etc., etc.

« Cette élection, *non contestée par le bureau,* pouvait donc fort bien être contestée par la Chambre des députés, et le rapport était fort discutable..... Mais on n'avait *pas entendu un mot du rapport.* »

Le 5 mars 1876, M. Bouteille était nommé député après un scrutin de ballottage. M. Bouteille avait seulement onze voix de plus que son concurrent, M. de Salve, et il y avait vingt-et-un bulletins en sus du nombre des votants constaté par les feuilles d'émargement. D'après de nombreux arrêts du Conseil d'Etat, disait le rapporteur de l'élection, M. Alexis Lambert, les votes indûment admis devaient être retranchés du nombre des suffrages exprimés et du nombre de ceux obtenus par les candidats proclamés, et il y avait lieu d'annuler l'élection de ces candidats, lorsque cette déduction leur faisait perdre la majorité.

Cette règle était parfaitement établie pour les opérations du premier tour de scrutin ; mais il n'en était pas de même pour le cas de scrutin de ballottage, contrairement à ce que pensait le rapporteur de l'élection, la majorité relative étant toujours suffisante.

Si, en effet, disait M. Ganivet, on retirait à chacun des candidats vingt-et-un bulletins en sus des émargements, on arrivait à ce résultat indiscutable que le même écart qui séparait les deux candidats était toujours existant. Autant valait ne pas diminuer d'un seul suffrage le nombre des voix obtenues par les deux concurrents.

Si on enlevait ces vingt-et-une voix à M. Bouteille, il perdait sa majorité et M. de Salve était élu ; si, au contraire, on les retranchait à M. de Salve, M. Bouteille était élu.

Que faire en pareille circonstance ? Dans un cas comme dans l'autre il n'était pas possible de connaître l'origine et la destination de ces vingt-et-une voix. Il y avait donc incertitude complète, absolue sur le sort de la majorité de onze voix obtenue par M. Bouteille. Et alors, quand il y avait place pour le doute pouvait-on dire qu'il y avait élection ? L'élu pouvait-il dire qu'il avait une majorité à l'abri de toute espèce de contestation ? Nullement ! Il y avait, suivant la jurisprudence de l'Assemblée nationale, un scrutin qui n'avait pas abouti, un scrutin nul ; il n'y avait pas d'élection.

Répondant à M. Ganivet, M. Andrieux prononça alors ces paroles dignes d'être rappelées au souvenir de la Chambre à chaque vérification de pouvoirs : .

« Il me semble que le doute doit recevoir une interprétation favorable à l'admission de l'élu, et j'ajoute que le suffrage universel doit être respecté dans ses décisions ; qu'il n'y faut point toucher légèrement ; qu'il faut éviter, en annulant trop facilement des élections, de voir le corps électoral renvoyer les mêmes hommes auxquels on aurait refusé l'admission.

« C'est là, Messieurs, un danger que nous reconnaissons tous ; et il est incontestable qu'une Assemblée qui s'y exposerait, s'exposerait en même temps à se discréditer devant l'opinion publique. »

Sages paroles, mais qui, comme la semence du laboureur, tombèrent parmi les épines et les ronces où elles furent promptement étouffées.

Des cas analogues à ceux qui viennent d'être cités se reproduisirent à plusieurs reprises, et la Chambre, persévérant dans sa jurisprudence, valida, mais avec moins d'ensemble pourtant, les élections de membres de la majorité qui, par suite de retranchements de suffrages résultant de jugements constatant des fraudes et des erreurs, n'avaient plus le chiffre de voix nécessaire pour être proclamés députés. Qu'il suffise de citer notamment les élections de MM. Escanyé et Mir (1876), Boudeville (1877), Faure (1878).

Dans l'examen des question d'état soumises au pouvoir législatif, nous allons voir la Chambre, lors de la vérification des pouvoirs de MM. de Douville-Maillefeu et Bonnet-Duverdier, se mettre au-dessus des lois et ne relever que de l'arbitraire.

M. de Douville-Maillefeu était-il éligible ?

A la suite d'une altercation suivie de voies de fait envers un représentant de l'autorité, M. de Douville-Maillefeu avait été condamné par défaut (août 1870) à deux années d'emprisonnement. Un arrêt, par défaut également, rendu en mars 1871, avait confirmé ce jugement. Puis survint une décision gracieuse du chef de l'Etat (22 août 1871) qui lui fit remise de la peine de l'emprisonnement. Or, la grâce, ainsi qu'il est généralement reconnu, fait remise de la peine, mais laisse subsister la condamnation ; et, dans le cas qui nous occupe, la condamnation entraînait une incapacité électorale de cinq années. Nommé le 20 février 1876, M. de Douville-Maillefeu était donc inéligible (1).

Mais, a-t-on dit, entre sa condamnation et son élection à la Chambre, M. de Douville-Maillefeu a été nommé membre du Conseil général de la Somme et celui-ci, contrairement aux conclusions de la commission chargée de l'examen de l'élection, a prononcé la validation.

Mais ce n'était pas là un argument à invoquer. Trop souvent les Conseils généraux ont abusé des pouvoirs souverains qui leur étaient attribués par la loi du 10 août 1871 (la validation de M. de Douville-Maillefeu en est un exemple frappant), et c'est justement pour remédier à cet abus que la loi du 31 juillet 1875 leur a enlevé cette arme à deux tranchants dont ils faisaient parfois un usage excessif.

Mais si M. de Douville-Maillefeu faisait partie du Conseil général de la Somme, il lui avait été impossible de faire partie du Conseil municipal de sa commune, et d'être inscrit comme électeur dans cette même commune. Là, en effet, il s'était trouvé en présence d'un juge inflexible observateur de la loi et inaccessible à toutes les passions politiques. Le Conseil de préfecture et le Conseil d'Etat saisi en appel, décidèrent que M. de Douville-Maillefeu était incapable, par suite de sa condamnation, d'être électeur et éligible.

Les décisions de deux corps judiciaires et le texte de la loi ne purent triompher du parti pris de la Chambre qui, se plaçant uniquement sur le terrain politique, quand il n'eût dû être question que du terrain juridique, prononça la validation de l'élection.

Au mois de novembre 1877 la Chambre eût à statuer sur l'élection de M. Bonnet-Duverdier.

M. Bonnet-Duverdier avait été condamné, quelques mois avant son élection, pour outrages envers un dépositaire de l'autorité publique, et par le fait même de sa condamnation avait encouru la perte de sa double qualité d'électeur et d'éligible, motifs qui entrèrent sans doute pour beaucoup dans le choix que fit la ville de Lyon de sa candidature. Il n'y avait là aucune équivoque possible, les faits établissant l'inéligibilité étaient incontestés et incontestables ; aussi l'opinion publique exigeait-elle hautement l'annulation d'une élection qui juridiquement n'existait pas. Il n'y avait pas eu de bataille électorale et M. Bonnet-

____

(1) *Des vérifications de pouvoirs,* par M. de Janzé.

Duverdier avait été nommé à une immense majorité. La lutte n'était donc pas entre lui et un concurrent quelconque, elle était entre lui et la loi; et comme la Chambre, encore sous l'empire des passions politiques, avait décidé en quelque sorte en ouvrant sa législature de fermer le temple de la Justice, ce fut la loi qui succomba.

La validation de l'élection de M. Bonnet-Duverdier fut plus qu'un acte d'illégalité, ce fut un acte de vengeance politique et un défi jeté aux magistrats qui avaient eu le courage de faire leur devoir.

Après le 14 octobre, un fait, jusqu'alors sans précédent, se produisit dans les trois circonscriptions électorales de Lectoure, Mauriac et Saint-Malo. Les trois candidats républicains, ne tenant aucun compte des décisions des commissions de recensement, qui déclaraient qu'il y avait lieu de procéder à un scrutin de ballottage, se considérèrent comme élus et engagèrent leurs électeurs à ne pas prendre part au second tour de scrutin.

Etait-ce bien là le rôle qu'ils avaient à jouer? Non, évidemment.

Défenseurs ardents du suffrage universel, ils devaient montrer un peu plus de déférence à son égard et ne pas avoir l'air de fuir le jugement qu'il aurait rendu en appel, c'est-à-dire au second tour de scrutin.

Quel est en effet le vœu de la loi? Le vœu de la loi est, quand il y a doute, de consulter le suffrage universel. Et si un candidat se plaint de ce que la commission de recensement ait mal jugé le premier scrutin, n'appartient-il pas aux électeurs de décider au second tour qui a raison, du candidat ou de la commission. Qu'arrivera-t-il en effet? Ou bien le second tour de scrutin justifiera la décision de la commission, ou bien il donnera raison au candidat plaignant. Dans tous les cas les électeurs auront non-seulement le droit, mais encore le devoir de voter afin de trancher le différend d'une façon décisive.

Que devait faire la Chambre en présence des conclusions du rapporteur qui soutenait, que les décisions des commissions de recensement devaient être annulées au profit des trois candidats non proclamés? D'après les précédents historiques et la jurisprudence parlementaire, la Chambre avait le pouvoir, comme tribunal d'appel, d'infirmer la décision rendue par le suffrage universel et de substituer, si la majorité lui était acquise par suite de rectification, le candidat non élu au candidat proclamé. Mais, dans l'espèce, la Chambre ne pouvait plus statuer comme tribunal d'appel sur les décisions des Commissions de recensement, car l'appel avait été porté devant les électeurs qui avaient prononcé dans le scrutin de ballottage. Elle ne pouvait statuer que comme tribunal de cassation, c'est-à-dire annuler purement et simplement le second tour de scrutin et, par suite, renvoyer la solution de la question devant le suffrage universel, seul juge compétent. Il lui était donc impossible de substituer à des candidats élus, des candidats, qui, par cela seul qu'ils n'avaient pas voulu affronter le verdict de celui dont ils se proclamaient cependant les très-humbles serviteurs, avaient cessé d'être candidats. Agir autrement eût été créer et inventer des députés, ce que jamais Chambre n'a eu le pouvoir de faire.

La Chambre n'adopta pas la manière de voir qui vient d'être exposée; elle annula les élections de MM. de Lagrange, Escourbaniès et Rouxin, et, ne tenant aucun compte du vote émis au second tour de scrutin, proclama députés MM. Descamps, Durieu et Durand.

Ces exemples suffisent amplement pour démontrer l'arbitraire de la jurisprudence législative.

Souvent même, la Chambre invalida, sans motif sérieux, les élections régulières de députés nommés à une immense majorité et presque sans opposition. C'est ce qui advint à MM. de La Rochefoucauld-Bisaccia, Paul de Cassagnac, Reille, etc. Ce dernier avait obtenu une énorme majorité (12,000 voix sur 16,000 votants).

L'invalidation de l'élection du député de Castres fut la condamnation du suffrage universel. Est-ce que celui-ci, en effet, fut jamais plus décrié que par ceux dont le réquisitoire pouvait se résumer en cette déclaration, que douze mille électeurs, dans une seule circonscription, avaient été ou assez pusillanimes, ou assez ineptes, ou assez corrompus pour émettre un vote que la Chambre devait invalider comme entaché de fraude et de corruption?

Un publiciste américain, M. Francis Parkmann, n'a-t-il pas dit : « Lorsqu'un homme n'est pas en état de comprendre les questions à résoudre, de discerner un bon candidat d'un mauvais, de reconnaître où sont ses véritables intérêts; lorsqu'il n'a aucun souci du bien public et est prêt à vendre son vote pour un dollar; lorsque, par instinct naturel, il ferme l'oreille avec indifférence ou dédain à la voix de l'honnêteté et de la raison, alors son vote devient un fléau public. »

Ce que le publiciste américain avait dit fut appliqué, par le vote de la Chambre, aux douze mille électeurs du baron Reille. Avant de procéder au scrutin, l'Assemblée n'eût-elle pas mieux fait de méditer profondément cette pensée de l'un de ses membres, M. Emile de Girardin : « La majorité doit toujours se souvenir qu'elle fût la minorité et prévoir qu'elle peut le redevenir. »

Et quel fut le résultat de ces vérifications de pouvoirs? 77 des représentants élus en 1877 virent leur élection annulée (1). Et parmi ces 77 députés *pas un seul* n'appartenait à la majorité républicaine, car cette même Chambre qui frappait impitoyablement la moindre irrégularité chez ses adversaires, se montrait d'une indulgence inouïe pour ses amis politiques. Ce fut un nouveau 18 fructidor avec la franchise en moins.

10 députés (tous de la minorité) virent en outre l'examen de leur élection indéfiniment ajourné (2).

Quant aux causes d'invalidation, ce furent toujours les mêmes : affiche blanche, révocation d'un ou plusieurs fonctionnaires, déplacement d'instituteurs, pression administrative, entraves mises à la liberté ou à la licence du colportage, fermeture de cabarets, changement de local électoral, influence cléricale, bulletins à clef ou reconnaissables quoique pliés. Telles furent les objections surannées et les vieilles rengaînes qui se débitèrent à la tribune depuis la première vérification de pouvoirs jusqu'à la dernière.

(1) Ce furent MM. de Lagrange (Lectoure), Rouxin (Saint-Malo, 2ᵉ circonscription), Escourbaniès (Mauriac), Gorsse (Albi), de Gelcen (Prades), Raynaud (Périgueux, 2ᵉ), Ricot (Lure, 2ᵉ), de Laborde (Saint-Sever), Rabiers du Villars (Castellane), Bontoux (Gap), pendant la session 1877 ;

MM. d'Arras (Dunkerque, 1ʳᵉ), Amigues (Cambrai, 2ᵉ), d'Aulan (Nyons), d'Ayguesvives (Toulouse, 3ᵉ), Barcilon (Carpentras), de Biliotti (Orange), Bouvattier (Avranches, 1ʳᵉ), Baragnon (Uzès), de Champagny (Dinan, 1ʳᵉ), de Cadillan (Arles), de Cardenau (Dax, 1ʳᵉ), Combes (Castres, 1ʳᵉ), Charlemagne (Châteauroux, 1ʳᵉ), Delafosse (Vire), Dubois (Le Havre, 2ᵉ), Dussaussoy (Boulogne, 2ᵉ), Jérôme David (Bazas), Detours (Limoux), du Demaine (Avignon), C. Bernard-Dutreil (Laval, 2ᵉ), d'Egremont (Montmédy), d'Espeuilles (Château-Chinon), Estignard (Baume-les-Dames), Fairé (Angers, 2ᵉ), Fourcade (Saint-Pons), Fournier (La Rochelle), Garnier-Bodéléac (Saint-Brieuc, 1ʳᵉ), Godelle (Vervins, 1ʳᵉ), Labitte (Clermont), La Chambre (Saint-Malo, 1ʳᵉ), Lamothe (Villefranche, Haute-Garonne), de La Rochefoucauld-Bisaccia (Mamers, 1ʳᵉ), Lauriol (Largentière, 2ᵉ), de La Villegontier (Fougères), Leclère (Avranches, 2ᵉ), Lézaud (Bellac), de Lordat (Castelnaudary), Lorois (Quimperlé), de Lucinge-Faucigny (Guingamp, 1ʳᵉ), de Luppé (Pau, 1ʳᵉ), Maréchal (Périgueux, 1ʳᵉ), Michaut (Lunéville), Niel (Muret), Peyrusse (Auch), Planté (Orthez), de Prunières (Embrun), de Puyberneau (La Roche-sur-Yon, 2ᵉ), de Rainvilliers (Abbeville, 2ᵉ), L. Renard (Valenciennes, 2ᵉ), Rœderer (Reims, 2ᵉ), de Saint-Paul (Saint-Girons), Sens (Arras, 1ʳᵉ), Sylvestre (Apt), Trubert (Moissac), Veillet (Loudéac), Vinay (Le Puy, 2ᵉ), Vitalis (Lozère), pendant la la session ordinaire de 1878 ;

MM. Alfred Leroux (Fontenay, 2ᵉ), Paul Granier de Cassagnac (Condom), Darnaudat (Tarbes, 2ᵉ), de Bourgoing (Cosne), de La Rochejacquelein (Bressuire), de Mun (Pontivy), de Fourtou (Ribérac), Malartre (Yssingeaux), Decazes (Puget-Théniers), Reille (Castres, 2ᵉ), pendant la session extraordinaire de 1878.

(2) Ce furent MM. L. du Douët, de Fourtou, Jérôme David, Jolibois, de La Rochejacquelein, Reille, Roques, de Septenville, en 1877, de Bourgoing, Paul de Cassagnac, en 1878.

Ces objections étaient sans réplique lorsqu'elles étaient employées contre les élections des membres de la droite; mais elles perdaient incontinent toute valeur si elles étaient alléguées contre des élections républicaines. La majorité n'admettait pas, en effet, que des agissements de cette nature pussent être établis contre ses membres; et quand une demande d'enquête ou de simple renvoi au bureau était formulée par un membre de la minorité, jamais elle n'était accordée.

Telle était la manière d'agir d'une Chambre où la politique était tout et la justice rien.

Quant au Sénat électif dont nous a doté la Constitution du 25 février 1875, il fit tout l'inverse de la Chambre des députés et ne prononça l'annulation d'aucune élection, pas plus lors du renouvellement partiel de 1879 que lors des élections générales de 1876.

———

IV.

LÉGISLATION ÉTRANGÈRE (1).

Angleterre.

Voici quelle est, d'après une remarquable étude de M. Franck-Chauveau, l'historique de la législation anglaise en matière électorale :

« Jusqu'en 1770, c'était la Chambre des communes tout entière qui statuait sur les élections. Les enquêtes, sous ce régime, offraient peu de garanties; les discussions étaient violentes. Toute élection contestée donnait lieu à une lutte de partis, où la majorité triomphait souvent aux dépens de la justice. Le cri public demandait une réforme. En 1770, le *Grenville act* décida qu'à l'avenir les pétitions contre les élections seraient soumises à des comités. On tirait au sort trente-trois membres de la Chambre des communes; le pétitionnaire et le défendeur en récusaient chacun onze; les onze restants statuaient.

En 1848, un nouveau bill fut voté, qui soumit ces contestations à des formes plus juridiques. Il créa un comité permanent, appelé comité des élections, et composé de six membres désignés par le *speaker* (2), sous l'approbation de la Chambre. Lorsqu'une élection était contestée, ce comité désignait, pour en connaître, cinq membres qui prêtaient serment de rendre bonne et fidèle justice. Leurs audiences étaient publiques; ils pouvaient être récusés; les avocats étaient admis à plaider devant eux, et les témoins déposaient sous la foi du serment. Leurs décisions étaient soumises à la révision de la Chambre.

Cette juridiction était extrêmement lente et coûteuse, puisqu'elle siégeait à Londres, souvent fort loin du théâtre de l'élection, et seule-

---

(1) Voir *Annuaire de législation étrangère,* 1876.
(2) C'est le nom sous lequel on désigne le président de la Chambre des communes.

ment pendant les sessions du Parlement; les enquêtes, bien qu'elles durassent quelquefois cinq ou six mois, étaient presque toujours incomplètes; on se plaignait qu'il n'y eût point de jurisprudence, point de certitude dans l'interprétation de la loi ; enfin, l'inexpérience des juges se trahissait d'une manière fâcheuse dans la conduite des débats et même dans l'appréciation des faits : « Les avocats, disait-on, sont trop forts pour les juges. »

La nouvelle loi, votée à titre d'expérience et pour un temps limité, décida que le droit de connaître des élections contestées appartiendrait, à l'avenir, aux juges des Cours de droit commun (1), suivant un roulement formé entre eux. Le procès doit être jugé au lieu où s'est faite l'élection, et dans les formes juridiques ordinaires, mais devant un seul juge et sans l'assistance du jury. S'il s'élève, au cours des débats, quelque difficulté sur l'interprétation de la loi, le juge a le droit d'en référer à la Cour des plaids communs. Il statue sur la validité de l'élection, rend compte à la Chambre des communes du résultat du procès, des incidents qui s'y sont produits, des manœuvres auxquelles l'élection a donné lieu ; en même temps, il transmet au *speaker* le nom des personnes qui se sont rendues coupables de corruption ou qui ont exercé sur les électeurs une violence physique ou morale; il indique si ces pratiques ont été des faits isolés ou si elles ont eu lieu sur une grande échelle dans le bourg ou le comté. Ces renseignements permettent à la Chambre d'exercer en connaissance de cause le droit qui lui appartient de priver, soit les électeurs du suffrage, soit le collége lui-même de sa représentation.

Le candidat personnellement convaincu de manœuvres illicites, l'électeur qui s'est laissé corrompre sont, pendant sept années, exclus de certaines fonctions publiques et privés du droit de vote et d'éligibilité aux élections, soit parlementaires, soit municipales. »

Les réclamations formées contre les élections contestées doivent être présentées dans le délai de vingt et un jours après l'élection, à moins qu'elles ne soient accompagnées d'une accusation de corruption; dans ce cas, le délai est de vingt-huit jours, et il doit être fourni une caution ou déposé une somme de *1,000 livres sterling* pour les frais. On voit combien est sévère la législation anglaise en cette matière.

(1) On sait qu'il y en a trois : la Cour du Banc de la Reine, la Cour de l'Echiquier et la Cour des plaids communs. L'acte de 1868 est applicable à l'Irlande, où l'organisation des Cours supérieures est la même qu'en Angleterre; il est également applicable à l'Ecosse, où ces litiges sont soumis aux juges de la Cour de session.

La Chambre des communes, après réception des pièces du procès, règle les dépenses du juge. Les frais des enquêtes sont à la charge des contribuables des districts où elles ont eu lieu.

Hongrie.

En dehors de l'Angleterre, on ne trouve que deux Etats qui aient enlevé à la Chambre des députés le droit de vérifier les pouvoirs de ses membres et aient confié ce droit à une Cour suprême de justice : la Hongrie et le Dominion du Canada. Ces deux Etats, il est vrai, ne jouissent pas d'une autonomie absolue ; mais, sous le rapport de la représentation nationale, on peut dire, à juste titre, que s'ils ne sont pas indépendants en droit ils le sont réellement en fait.

En Hongrie, la loi fondamentale en la matière est celle du 26 novembre 1874, relative aux élections du Parlement hongrois. Cette loi a enlevé à la Chambre des députés le droit de statuer sur les élections contestées, et l'a transféré à la Cour suprême de justice, ainsi que le droit de juger en dernière instance les inscriptions, omissions ou radiations litigieuses, et a décidé qu'une loi spéciale établirait la manière de procéder de la Cour royale à cet égard.

Canada.

Au Canada, deux actes principaux forment la base de la législation en cette matière. L'un de ces actes du Parlement canadien, en date du 23 mai 1873, est relatif aux contestations élevées contre la validité des élections des membres de la Chambre des communes. Les réclamations sont présentées sous forme de *pétition d'élection*. Toute pétition d'élection doit être déférée à un juge de la Cour d'appel générale du Canada, qui statue sur cette pétition. En cas d'appel, sa décision doit être déférée à un tribunal spécial appelé « la Cour des élections », et composé de trois juges pris parmi les membres de cette même Cour.

L'acte du 23 mai 1873, antérieur à la création de la Cour d'appel générale, décide qu'en attendant la création de cette Cour, les pétitions d'élections seront jugées dans chaque province, en premier ressort, par un juge, et, en appel, par trois juges de la Cour suprême de cette province.

L'acte des élections fédérales contestées, du 26 mai 1874, est un monument législatif très-complet, qui indique les phases successives par lesquelles passent les élections contestées depuis le jour du scrutin jusqu'au jour du jugement de l'élection. La juridiction compétente est, en général, la Cour suprême de la province dans le district judiciaire de laquelle se trouve situé l'endroit où l'élection a eu lieu. La pétition d'élection passe par les mêmes phases qu'un simple procès tombant sous la juridiction de la Cour ; l'instruction et la procédure sont les mêmes que celles qui seraient employées pour une affaire ordinaire.

La pétition d'élection peut être présentée à la Cour par tout électeur de la circonscription ou par tout candidat dans le délai d'un mois à dater de l'insertion, dans la *Gazette du Canada,* de l'avis de réception du rapport sur l'élection. Si la pétition repose sur une allégation de manœuvres frauduleuses spécifiées, le délai est de trente jours à partir de l'acte frauduleux relevé.

La pétition est déposée au greffe de la Cour, en même temps qu'un cautionnement de *1,000 piastres* pour le paiement « des frais, charges et dépenses qui pourront être dus par le pétitionnaire aux témoins, au membre dont l'élection est contestée, à l'officier rapporteur ou au candidat non élu dont la conduite est incriminée. »

La pétition est rendue publique et communiquée au défendeur qui peut produire par écrit ses objections. L'instruction commence ensuite. Le juge interroge les parties, fait comparaître les témoins, etc.

L'instruction terminée, le juge rend sa décision et en transmet copie à l'*orateur (speaker)* de la Chambre des communes. En cas de manœuvres frauduleuses, il adresse, en outre, au *speaker* un rapport spécial.

Toute partie peut faire appel ou s'inscrire en révision dans le délai de huit jours après la décision du juge et moyennant le dépôt d'un cautionnement de 100 ou 110 piastres, selon les cas. L'affaire est portée devant la Cour supérieure et la décision intervenue est communiquée au *speaker*.

Enfin, l'acte canadien, poussant jusqu'au bout l'assimilation entre la pétition d'élection et les affaires judiciaires proprement dites, décide que « les frais occasionnés par la pétition seront supportés, selon les cas, par le pétitionnaire ou la partie ».

Telles sont les règles de fond et de forme relatives aux vérifications de pouvoirs des membres de la Chambre canadienne.

Allemagne.

Mais si quelques Etats seulement ont réussi à confier la vérification des pouvoirs à des tribunaux spéciaux placés en dehors des sphères toujours agitées de la politique, d'autres, moins favorisés, ont vu échouer des propositions faites dans ce but et ont dû se contenter d'entourer de quelques garanties protectrices les formalités qui accompagnent les vérifications de pouvoirs. Il faut reconnaître cependant que depuis quelques années, il y a une tendance marquée à rendre moins absolu le droit des Chambres de statuer sur les élections des députés.

En Allemagne, dit M. Daguin (1), il faut signaler une divergence avec les usages français relativement aux vérifications de pouvoirs des membres du Reichstag.

Deux hypothèses sont prévues par le règlement.

Le bureau chargé de la vérification conçoit-il des doutes sérieux sur la validité des opérations électorales ? L'élection est-elle contestée ? Des protestations ont-elles été déposées ? Un rapport spécial doit être fait au Reichstag qui prononce en dernier ressort. Disons de suite que les contestations et protestations ne sont prises en considération qu'autant qu'elles se sont produites dans les *dix jours* qui suivent la proclamation du résultat du scrutin; passé ce délai, elles ne sont plus recevables.

Il peut arriver, à l'inverse, que le bureau reconnaisse la régularité des opérations électorales et qu'aucune contestation ou protestation ne se produise. *Dans ce cas, le président de l'assemblée se borne à communiquer officieusement à la Chambre le résultat de la vérification,* et l'élection est considérée comme validée provisoirement si le délai de dix jours, dont nous venons de parler, n'est point encore expiré.

Dans la session du Reichstag de 1875, plusieurs députés proposèrent de modifier le règlement en ce qui concerne le droit de la Chambre de statuer sur les élections contestées. Ils demandaient la création d'une commission spéciale, chargée de la vérification des pouvoirs *(Wahlprüfungscommission).* Les dossiers lui eussent été renvoyés, toutes les fois que le bureau eût émis des doutes sur la validité des opérations électorales, ou que des protestations se fussent produites. Le renvoi aurait pu également être prononcé sur la demande de cinquante membres.

La proposition fut repoussée par le Reichstag.

Autriche.

En Autriche, les élections contre lesquelles il ne s'est produit ni contestations *(Wahlanfechtungen),* ni protestations *(Proteste),* et que

(1) Notice sur le règlement du Reichstag allemand.

le bureau chargé de la vérification est d'avis de valider, sont soumises à la Chambre par le président. Celle-ci doit statuer, *sans débat*, sur les conclusions du bureau ; elle peut les adopter purement et simplement ou renvoyer le dossier à une commission de vérification *(Legitimationausschusz)*, élue directement par elle. Lorsque l'annulation de l'élection est proposée par le bureau vérificateur, ou que des protestations ont été déposées dans le délai voulu, le renvoi à la commission est de droit pour l'examen de l'élection et la confection du rapport qui doit être soumis à la Chambre.

Le délai dans lequel doivent être déposées les protestations est de trois jours à partir de l'ouverture solennelle du Reichrath, ou, s'il s'agit d'élections partielles, de *quatorze jours* à partir de l'élection. Cependant, le règlement de la Chambre admet une restriction importante aux dispositions qui viennent d'être énoncées, lorsque les contestations sont fondées sur l'inéligibilité du candidat. Dans ce cas, mais dans ce cas seulement, les protestations peuvent être déposées *à quelque époque que ce soit, même après la validation de l'élection.*

On voit que la loi autrichienne, à l'inverse de ce qui se passe en France, n'hésite pas à revenir sur la consécration d'un droit illégalement acquis et qui, juridiquement, n'a jamais existé.

Dans les autres Etats parlementaires, les formalités qui environnent les vérifications de pouvoirs ont une analogie complète avec celles adoptées en France et ne comportent aucun caractère qui mérite d'être signalé.

V.

CONCLUSION.

Après cet exposé de la législation des pays étrangers, des précédents historiques et de la législation actuellement en vigueur, une rapide conclusion est nécessaire.

Faut-il conserver l'état de choses aujourd'hui existant?

Faut-il laisser aux membres des deux Chambres le droit de vérifier eux-mêmes leurs pouvoirs, en entourant ces vérifications de certaines garanties ?

Faut-il enfin enlever aux membres des deux Chambres le droit de validation et d'invalidation et le confier à un tribunal spécial?

Sur le premier point, notre réponse ne sera pas douteuse. Après l'exemple donné par la Chambre des députés élue en 1876, exemple qui ne fut que trop bien suivi par la Chambre de 1877, il n'est plus possible de laisser à une assemblée le soin de vérifier les pouvoirs de ses membres. C'est en usant de ce droit, ou plutôt en en abusant qu'une Chambre sème la haine et la division dans son sein, fait naître ces discussions violentes et passionnées qui jettent le discrédit sur une assemblée, emploie la majeure partie de ses séances à des récriminations stériles et sans objet, au lieu de s'occuper des vrais intérêts du pays, c'est-à-dire de tout ce qui touche au commerce, à l'industrie, à la bonne administration de la France, véritables sources de son influence à l'extérieur et de sa prospérité à l'intérieur.

« N'est-il donc pas regrettable au suprême degré de voir ces scènes bruyantes devenir les grands jours de nos assemblées. Pas un député n'aurait garde de manquer une séance orageuse, à laquelle le public accourt en foule comme à un spectacle palpitant d'émotion. Ce sont les jeux du cirque de notre époque. On vient y voir combattre les gladiateurs de la représentation nationale. On aime à entendre les injures par lesquelles ils s'apostrophent et s'excitent au combat. On aime à voir les blessures qu'ils se font, et l'on suit d'un regard avide l'agonie de l'invalidé, pour savoir s'il tombera avec grâce. Puis il est rare que les partis, dont les champions de tribune portent les couleurs, emportés par l'ardeur de la lutte, ne se précipitent pas à leur tour dans l'arène, se mêlant, se bousculant, se défiant, s'insultant et remplissant l'enceinte de vociférations, de tumulte et de désordre ! Alors l'enthousiasme est général, et quand on sort de ces drames parlementaires, on entend dire autour de soi : « Ah! c'est une belle séance ! »

Il faut que les assemblées futures, instruites par l'expérience, soient mises à l'abri de ces commotions violentes qui ne dégénèrent que trop souvent en provocations et en scandales; il faut qu'elles puissent se passionner pour autre chose que les batailles parlementaires, les grands coups de lance suivis trop souvent de coups d'épée plus ou moins meurtriers; il faut surtout qu'elles soient mises dans l'impossibilité d'user de représailles, si un jour la roue de la Fortune déversait ses faveurs sur un parti politique autre que celui qui préside aujourd'hui aux destinées de la France.

Mais, diront quelques esprits modérés, pourquoi ne pas entourer les vérifications de pouvoirs de certaines formalités, propres à faciliter le jugement de la Chambre et à protéger les droits des représentants dont l'élection est contestée ?

Évidemment il y aurait là un progrès sur ce qui se fait aujourd'hui ; mais ces formalités protectrices ne seraient jamais que des remèdes peu efficaces pour le mal qu'il faut combattre. Décider, par exemple, que les élections ne seront discutées que le lendemain du jour où le rapport aura été lu à la tribune ou aura été distribué à tous les membres de la Chambre, c'est là sans doute une amélioration apportée au règlement actuel. Mais le remède, s'il est bon en lui-même, est complétement insuffisant et ne peut rien contre l'esprit de parti et l'ostracisme d'une majorité implacable. Une mesure plus radicale est nécessaire.

Cette mesure consiste à enlever au pouvoir législatif le droit de vérifier les élections des membres des deux Chambres contre lesquelles sont élevées des contestations.

L'examen de ces élections serait confié à un tribunal spécial qui statuerait souverainement et en dernier ressort.

Cette pensée avait déjà pris naissance à la Chambre des députés et s'était traduite par le dépôt d'une proposition de MM. Rendu, de Castellane et Reille (1), consistant à confier la vérification des élections contestées à un pouvoir extra-parlementaire.

____

(1) Séance du 3 avril 1876.

Dans un très-court exposé des motifs les auteurs de la proposition faisaient remarquer, avec beaucoup de raison et de justesse, que les questions de fait, objet d'appréciations contradictoires et passionnées, ne pouvaient, dans une assemblée politique, être jugées à un point de vue désintéressé et qu'il convenait de ne faire résulter l'invalidation d'une élection que d'un jugement prononcé par un pouvoir d'un autre ordre.

Voici quel était le texte de la proposition de M. Rendu :

ARTICLE UNIQUE. — *A partir de la promulgation de la présente loi, les protestations relatives aux élections à la Chambre des députés seront jugées par la Cour de cassation, toutes chambres réunies.*

La proposition, accueillie du côté gauche de la Chambre par des exclamations nombreuses et des interruptions répétées, fut retirée par son auteur.

Un second système ferait du Conseil d'Etat le tribunal des vérifications de pouvoirs. Le Conseil d'Etat est, en effet, déjà juge en la matière. La loi du 31 juillet 1875 lui a confié le soin de vérifier les élections des Conseils généraux sujettes à contestation, et ce grand corps s'est acquitté de la tâche qui lui incombait avec une impartialité que ses adversaires avaient à tort suspectée, mais que justifiait pleinement la confiance du législateur. Cette loi a eu pour résultat de faire cesser les discussions violentes et passionnées qui n'avaient que trop fréquemment lieu dans certains Conseils généraux, et d'enlever ce pouvoir absolu, qui aux mains d'une majorité intolérante, était une arme oppressive pour annuler les élections régulières de ses adversaires et pour maintenir les élections illégales de ses amis politiques.

Un troisième système, consistant en la création d'un tribunal mixte, comme celui qu'institua la loi du 24 mai 1872 pour le jugement des conflits, paraît préférable. Ce tribunal, composé de quinze membres (sept conseillers d'Etat et huit conseillers à la Cour de cassation désignés par la voie du sort), aura l'avantage sur les deux premiers systèmes de ne pas faire descendre entièrement dans le domaine de la politique l'autorité judiciaire et l'administration contentieuse, et cependant de tirer le meilleur parti possible de leurs lumières et de leur indépendance, en les fusionnant et en leur faisant perdre leur individualité propre.

Quelles seront les attributions de ce tribunal de vérification des pouvoirs?

Nommé pour une durée de quatre années et renouvelable à la fin de chaque législature, il aura la connaissance de toutes les réclamations formées par les électeurs de la circonscription et par les candidats, pourvu qu'elles aient été déposées dans les quinze jours qui suivent l'élection.

Il a semblé nécessaire d'établir un délai pour le dépôt des protestations, afin de mettre un terme aux abus sans nombre qui existent sous la législation actuellement en vigueur, et quinze jours ont paru suffisants pour signaler les manœuvres coupables qui, aux yeux des électeurs, ont pu avoir une influence sur le résultat du scrutin, et pour protester contre les faits qui ont pu altérer la sincérité du vote. Il ne sera plus permis alors de voir les amis et les émissaires du candidat malheureux battre la campagne plusieurs mois après l'élection, lorsque des chances d'invalidation se montrent à l'horizon, pour obtenir quelques misérables protestations que nul n'aurait songé à signer sans la pression dont il a été l'objet. La spontanéité de la protestation est la preuve la plus éclatante de sa sincérité.

Quant aux contre-protestations, elles pourront se produire en tout temps, le député attaqué ne connaissant souvent que longtemps après leur dépôt l'objet des protestations et devant toujours être mis à même de pouvoir y répondre.

Cependant une exception doit être admise au délai fixé pour le dépôt des protestations; c'est lorsqu'il s'agit d'une réclamation fondée sur l'incapacité légale de l'élu. Il peut arriver, en effet, lorsque le passé du candidat qui brigue les suffrages des électeurs est peu connu de ceux-ci (ce qui a lieu lorsque le candidat est étranger à la circonscription ou qu'il en est absent depuis une longue période de temps), il peut arriver qu'une cause d'incapacité ne soit découverte qu'après un certain laps de temps depuis l'élection.

Comme il ne s'agit ici ni de pression, ni de manœuvre électorale, ni d'altération de scrutin, choses qui sont généralement aussitôt connues, mais d'un fait qui a pu être dissimulé pendant longtemps en raison de son caractère plus personnel et plus privé, et que la dignité de la représentation nationale est mise en cause, il faut que toute personne puisse protester à quelque époque que ce soit. Et lorsque l'incapacité présumée ne sera pas sûrement établie, comme dans le cas de jouissance des droits civils et politiques, le tribunal de vérification de pouvoirs surseoira à statuer, jusqu'à ce que la question préjudicielle ait été tranchée par les tribunaux compétents jugeant sommairement.

Lorsqu'une élection contestée sera examinée par le tribunal, celui-ci pourra requérir tous les renseignements propres à l'éclairer. Les auteurs des protestations seront entendus, s'il le juge utile. Quant au représentant dont l'élection est contestée, il devra toujours être entendu lorsqu'il en fera la demande.

Si le tribunal ne se juge pas assez éclairé, il pourra désigner deux de ses membres, pris chacun dans un corps différent, pour procéder à une enquête sur chaque élection.

Quant aux frais occasionnés par les vérifications de pouvoirs, ils seront mis par le tribunal, suivant l'exemple que nous donnent les législations anglaise et canadienne, à la charge, soit des représentants, soit des auteurs ou signataires des protestations, soit des contribuables.

Cette mesure a pour but de faire un pas de plus dans la voie de la moralisation du suffrage universel, car il est juste que ceux-là qui ont occasionné des frais en supportent la charge.

Une distinction et une répartition sont nécessaires selon les cas. Ainsi les frais seront à la charge des représentants lorsque les faits attestés par les signataires des protestations auront été reconnus vrais et auront eu pour effet de faire prononcer l'invalidation.

Ils seront à la charge des auteurs et signataires des protestations lorsque les faits allégués dans ces protestations auront été reconnus faux.

Ils seront enfin à la charge des contribuables de la circonscription dans tous les autres cas, notamment en cas d'enquête et lorsque les faits attestés dans les protestations auront été reconnus exacts, mais de trop peu d'importance pour avoir pu influencer le vote des électeurs.

Enfin, pour éviter de se laisser entraîner à des lenteurs fâcheuses, le tribunal sera obligé de statuer sur la validité des élections contestées dans un délai de trois mois, à partir du dépôt des pièces, lesquelles devront être transmises sans retard, par le Sénat et la Chambre des députés.

Si une question préjudicielle est à trancher, le délai sera suspendu à dater du jour du renvoi devant les tribunaux civils, jusqu'au jour où la décision judiciaire sera devenue définitive.

Ainsi donc :

Institution d'un tribunal spécial composé de conseillers d'Etat et de conseillers à la Cour de cassation pour statuer sur les élections contestées des membres des deux Chambres ;

Jugement des questions d'état restitué aux tribunaux judiciaires ;

Mise des frais de vérification de pouvoirs à la charge des représentants, des signataires des protestations ou des contribuables, selon les cas ;

Obligation de statuer à bref délai dans l'examen des élections contestées ;

Telles sont les principales réformes nécessaires pour entourer les vérifications de pouvoirs des garanties de promptitude et de justice dont elles ont besoin et les mettre à l'abri des rancunes du présent, des représailles de l'avenir et des passions de tous les temps.

Imp. Léautey, 24, rue Saint-Guillaume.